AF264148

SUR

PLUSIEURS QUESTIONS

D'INTÉRÊTS PUBLICS.

> Mauvais citoyen, la vérité ne lui paraît estimable qu'autant qu'elle lui est utile ; l'intérêt de son pays cède toujours à son propre intérêt ; il sacrifie à ses jalousies le salut de l'État ; et il verrait avec moins de regret les affaires publiques périr entre ses mains, que sauvées par les soins et les lumières d'un autre.
>
> *(Du Sermon de Massillon, sur les tentations des grands.)*

PRIX 1 *franc.*

A PARIS,

CHEZ DENTU ET DELAUNAY, AU PALAIS ROYAL.

NANCY, IMPRIMERIE DE F.-A. BACHOT, RUE S.ᵗ-DIZIER.

1821.

Nancy, le 31 Janvier 1821.

A Messieurs les Directeurs de journaux de la Capitale et des Départemens. (1)

MESSIEURS,

La Chambre des Députés, dans sa séance du 5 de ce mois, a agréé l'hommage d'un écrit ayant pour titre : *Contre la disette et la vileté du prix des grains et sur plusieurs questions de finances, etc.*

Comme cet écrit énonce simplement ces questions, on a l'honneur de vous prier, Messieurs, d'ouvrir une souscription en faveur de l'ouvrage qui en développera les principes avec leur solution.

Les questions de finances sont relatives :

1.° *Aux emprunts publics et à leur amortissement,* par un système beaucoup plus avantageux que le système si renommé de l'Angleterre.

> « Lorsque des emprunts publics établissent la concur-
> » rence des emprunts particuliers, ils détournent le cours
> » ordinaire des capitaux, élevent l'intérêt du prêt de l'ar-
> » gent, augmentent le prix des produits, en arrêtent la
> » reproduction, décomposent la fortune publique, démo-
> » ralisent les gouvernans, et les forçant de pnissance à
> » devenir moyen, ils les anéantissent. »
>
> *Des emprunts publics, par Harel la Vertu.*

---

(1) Comme MM. les Journalistes ne pourront donner qu'un extrait de cette lettre, on a conseillé à l'auteur de la publier telle qu'elle leur est adressée. Huit cents exemplaires de cette même lettre, et de l'écrit ci-dessus, sont offerts en hommage aux deux Chambres.

(3)

2.º *Au crédit public et à celui de l'agiotage :*

> « Le crédit public est l'espérance, le mouvement et
> » la vie du crédit particulier ; mais quand il n'est pas
> » uni au crédit particulier, il en est la cause atténuante,
> » la crainte, le désespoir et la mort.
>
> » Le crédit de l'agiotage métamorphose les instrumens
> » en une puissance qui soumet au joug de son froid et
> » insolent despotisme, les gouvernemens dont elle sait
> » exciter les besoins. »

Du crédit public, par Harel la Vertu.

3.º *Aux banques foncières, par des sociétés anonymes,*
pour faire des prêts à cinq pour cent pendant vingt ans
aux propriétaires, lesquels, s'ils sont actionnaires de ces
sociétés, se trouvent libérés à la vingtième année de tout
intérêt et du capital emprunté ; problème que le célèbre
Adam Smith avait jugé un des plus difficiles à résoudre.

> « Les banques foncières enrichiraient la circulation ap—
> » pauvrie, arrêteraient les progrès alarmans de l'usure,
> » feraient rentrer l'intérêt de l'argent dans ses justes limites,
> » secourraient les propriétaires désolés, ranimeraient l'in—
> » dustrie expirante, doubleraient la valeur des propriétés
> » dites patrimoniales et nationales, emploieraient en temps
> » de paix l'excédant de la population aux canaux et aux
> » défrichemens des terres, redonneraient enfin un très-
> » grand mouvement aux transactions ; et c'est le mou—
> » vement, principe de reproduction, qui fait la prospérité
> » des empires, comme il fait la richesse de la nature. »

Des banques foncières, par Harel la Vertu.

4.º *Au système d'impôt qui établirait la répartition la plus*
égale et la perception la plus exacte : ce système nous af-
franchit de l'éternel et dispendieux cadastre ; il soumet le
tarif de l'impôt territorial à l'intempérie des saisons, et il
accomplit à l'égard du Français qui en est l'auteur, la pré-
diction faite il y a vingt ans, par un des plus illustres

(4)

personnages d'Angleterre, le Marquis Hastings. (Journal de l'Albion du 31 Janvier 1801).

Extrait du journal de Paris, du 22 Mars 1819, et du journal des Maires, du 1.er Avril suivant.

« Celui qui aurait découvert le moyen de percevoir
» jusqu'à la moindre fraction, sur la généralité de paiemens,
» un impôt d'une perception facile, peu coûteuse, sans
» entraves, sans vexations, et sans qu'on pût s'y sous—
» traire, aurait-il bien mérité de la chose publique ?

» La découverte de cet impôt qui n'atteindrait que les
» produits, arriverait-elle trop tard, pour remplacer, en
» ce moment, tous les impôts dont le mode de percep-
» tion, comme celui de l'impôt sur les tabacs, est in—
» compatible avec les principes qui constituent notre
» Gouvernement ?

» Et comme j'ai la conviction que cette découverte est
» positive, ne doit-on pas desirer que la démonstration
» en soit faite avec toute la publicité possible, afin d'ap—
» peler la discussion sur un objet d'un aussi haut intérêt,
» d'autant plus que je sais que M. Harel, (l'ancien chargé
» d'affaires du Roi), qui en est l'auteur, est prêt à en
» faire l'hommage à la France, dans la personne de M.
» le Président de la Commission du budget ?

*Signé C.***, de Varangéville, (sur Meurthe).*

[*] » Nous avons la certitude que le mode de perception
» sur ce système d'impôt, voulu par la nature des choses,
» a été jugé admissible par l'un des personnages les plus
importans au Ministère des finances. »

[*] (Note des Rédacteurs du journal de Paris, du 25 Mars
1819, et du journal des Maires, du 1.er Avril.)

« Tous les écrivains sur les finances sont d'accord au—
» jourd'hui qu'en asseyant l'impôt sur la vente présumée

» des choses, nous procédons de l'inconnu au connu ; ils
» conviennent que l'impôt doit être relatif aux moyens et
» aux besoins de chacun, afin que les charges publiques
» supportées également soient comme l'atmosphère, un
» fardeau que l'on porte et que l'on ne sent pas. Enfin
» ils reconnaissent que l'argent mis en mouvement est
» l'unique représentant de nos moyens et de nos besoins :
» nous disons l'argent mis en mouvement, parceque celui
» qui est renfermé dans les coffres d'un avare, ne parti-
» cipe pas plus à l'impôt et à la richesse du pays, que
» celui qui est encore dans les mines du Pérou. Commen-
» çant donc à connaître, à nommer l'unique représentant
» de nos moyens, pour sortir du labyrinthe où nous ont
» entraînés les hommes et les choses, et continuant à
» marcher ainsi du connu à l'inconnu, nous arrivons
» nécessairement à l'objet qui constitue à un centime près,
» la force du mouvement de l'argent ; et quel serait cet
» objet, si ce n'était le paiement qui indique aussi à un
» centime près, non pas la valeur présumée des choses,
» mais leur véritable prix d'après celui que nos besoins
» réels et capricieux leur donnent ? Pourquoi donc n'asseoi-
» rait-on pas l'impôt sur les paiemens, puisqu'il se trouverait
» en rapport exact avec les consommations et les produits,
» nous mettrait à même de calculer le mouvement général,
» et par conséquent, de bien apprécier les richesses de l'État,
» et d'en fixer les dépenses ? Ainsi, tous les objets qui
» s'achètent ou se louent, se trouveraient atteints, mais
» ils ne seraient passibles de l'impôt qu'à l'instant même
» qu'on les paye, parce que la nature des choses, où
» est puisé cet impôt, veut qu'il ne s'acquitte qu'au
» moment où on le peut, et que le fisc fasse un crédit
» égal à celui que fait le vendeur à l'acheteur. Si donc
» l'impôt pour être populaire, n'était assis que sur les
» paiemens au-dessus de cent francs, à raison d'un quart

» ou d'un demi ou d'un pour cent, assurément il n'en
» existerait pas de plus juste pour chacun d'après ses
» moyens, ni de plus insensible et de plus productif. Mais
» il ne suffit pas que l'impôt soit également réparti, il
» faut encore qu'il ne puisse pas redevenir inégal par l'effet
» de la perception ; car la science des finances exige l'al-
» liance du principe de perception exacte au principe de
» répartition égale. Sans doute il doit en coûter pour par-
» venir à découvrir la mesure propre à percevoir exacte—
» ment cet impôt, et cette mesure étant découverte,
» combien ne serait–il pas difficile encore de déterminer
» toutes les proportions qu'elle exige pour allier sans
» cesse la variété à la fixité ; mais parvenu à ce point,
» rien n'est plus simple que de démontrer combien l'exé-
» cution de cette perception serait exacte et facile, sans
» qu'on pût s'y soustraire, parce que l'intérêt personnel
» de l'un des deux individus qui devrait cet impôt, l'em-
» pêcherait d'en partager le montant avec celui qui ne
» le devrait pas, et le forcerait à devenir le plus fidèle
» percepteur pour le Gouvernement.

» C'est ainsi que la connaissance de l'objet avéré qui
» peut toujours payer l'impôt, et que la découverte du
» régulateur puisé dans nos mœurs, pour le percevoir,
» nous font arriver à la solution du problême proposé dans
» l'Encyclopédie française, pour le plus grand bonheur
» des peuples. (Article charges publiques). Croire cette
» solution impossible, ce serait ne pas savoir que le bien
» existe à côté du mal, ce serait ignorer que le génie de
» la nature nous a mis à même de porter la règle dans
» le mouvement, en nous donnant pour boussole la loi
» des proportions, et qu'il n'a fait qu'entr'ouvrir le voile
» qui couvre les grandes vérités d'où dépend la prospérité
» générale, afin d'exciter en nous l'amour du bien public,
» et que libres de nos facultés, maîtres de la conduite de

» l'ordre moral, ee fût par notre faute, si nous ne par-
» venions a jouir de tout le bonheur dont l'ordre social
» est susceptible. »

(De l'impôt, par Harel la Vertu).

5.° Ces questions de finances sont relatives aussi aux trois synonymes (1) les plus parfaits qui existent dans notre langue ; savoir, *à l'Administration, ou à la Régie, ou à la Direction* du prix sans limite pour les vivres de la guerre ; mode qui depuis 1807, a coûté au trésor public, pour ce seul service, quatre—vingt millions de plus qu'il ne fallait ; mode qui ne peut convenir qu'à une administration ambitieuse, à un État sans crédit, ou dans les angoisses politiques ; mode où l'intérêt personnel s'associe au mal et veut qu'il s'accroisse ; mode qui avait été aboli à la première rentrée du Roi, *à cause de ses graves inconvéniens*, disait le Ministre Dupont, dans son rapport du 14 Juillet ; mode qui ne fut ressuscité par une ordonnance de Mai 1817, que sous la condition du provisoire, lorsque déjà depuis quatre mois, exerçant ses ravages sous l'adminstration des agens directs du Ministre de la guerre dont le crédit s'engouffrait, il paralysait l'administration du Ministre de l'intérieur, occasionnait une disette factice, et de là les mouvemens insurrectionnels auxquels les ambitieux donnent la couleur qu'il leur plaît ; mode **enfin** qui, dans les États jouissant comme la France d'un crédit réel, pourrait être remplacé par un seul commis du département de la guerre, d'après un systême d'accord avec le régime représentatif, et qu'une commission présidée par un Conseiller d'État, a reconnu devoir être adopté comme le plus moral, le plus économe et le plus sûr dans tous les temps pour les divers services de fournitures à **payer** par l'Administration de la guerre, en la laissant conser-

---

(1) Premier et 3.e volume des synonymes, par l'abbé Rapinat.

vatrice et manutentionnaire des denrées etc., et en la dispensant désormais de toute concurrence avec le commerce pour les achats, adjugés au rabais à des Compagnies offrant moralité et fortune pour garantie de leurs engagemens. Le génie du bien a dicté la décision de cette Commission du Gouvernement; le génie du mal en a empêché jusqu'à présent l'exécution.

> « C'est d'une loyale administration aussi simple qu'éco-
> » nome, et de la fixité dans les opérations des gouvernans,
> » que dépend la puissance des Gouvernemens, le bonheur
> » des peuples et la supériorité des nations. »
>
> (*De la Régie intéressée avec limite, par Harel la Vertu*).

Cet écrit traite également de la *responsabilité des Ministres* sous le régime des trois pouvoirs qui constituent le Gouvernement représentatif:

> « *Quand tout est collectif, le bien appartient à*
> » *tous, et le mal n'appartient à personne. Alors*
> » *quel vaste champ pour l'ignorance audacieuse,*
> » *la lâcheté intrigante, la cupidité hipocrite, l'im-*
> » *puissance ambitieuse; et quelles chances à courir,*
> » *pour les rois et pour les peuples !!! »*
>
> (De la responsabilité des Ministres, par Harel la Vertu.)

Quant à la question *Contre la disette et la vileté du prix des grains*, avec la plus grande liberté du commerce au-dedans et au-dehors sans aucun droit, elle se résoudra par un système de réserves voulues pour un pays aussi productif et aussi populeux que la France; réserves qui sous la protection de la loi appartiendraient uniquement au commerce, et qui enrichiraient la circulation de plusieurs cents millions, d'après un système développé à la Chambre des Pairs, dans un discours dont elle a ordonné l'impression à l'unanimité, et conforme aux vœux que la Commission des Députés a exprimés dans les six dernières lignes de son lumineux rapport, à l'époque de la discussion de la loi d'importation en 1819. Ces réserves qui seraient exécutées par de vastes associations sous le titre de Sociétés royales de prévoyance ou de banque départementales, releveraient le prix des grains quand il serait trop bas, et seraient versées forcément à la consommation lorsque le prix serait à un taux relatif à la localité, et jamais avant la fixation arrêtée à l'avance, afin de ne point préjudicier aux opérations ordinaires pour ce genre de commerce.

Comment trouver en France, dira-t-on, des locaux assez spacieux pour contenir ces réserves? Mais si en Pologne, dans ce pays aquatique, le blé se conserve parfaitement dans des trous, à plus forte raison en France où le terrein est bien plus avantageux pour ces fosses, on ne serait pas embarrassé d'y conserver autant de grain qu'on voudrait dans les années d'abondance. *L'Observateur en Pologne*, par Hubert Vautrin, de l'Académie de Nancy, dit, page 153 : « Le paysan enfouit son blé ; il creuse un trou, le » tapisse de paille, y verse sa provision qu'il recouvre » de paille et de terre, et la retire après l'hyver très » bien conservée ; il renferme de la sorte ses légumes : » c'est ainsi que l'instinct vient au secours de la pauvreté. » Il est connu que des blés se sont très-bien conservés pendant plus d'un siècle dans ces sortes de fosses (1). L'ancien député M. Bertier de Roville, nommé par ordonnance du

---

(1) Ces fosses pourraient être enduites d'un nouveau mastic le plus dur, le plus inpénétrable à l'humidité, et qui se compose avec un bitume découvert sur la rive droite du Rhône, près Seyssel. M. Taylor, directeur de la fabrique de ce mastic, a été l'objet des encouragemens de notre Ministre de l'intérieur, afin de procurer à cet établissement de rapides accroissemens. Le Gouvernement russe vient d'accorder aussi un brevet pour une nouvelle méthode de sécher le blé, au moyen de laquelle on n'aura jamais à craindre qu'il puisse s'échauffer. L'opération aussi économe qu'expéditive, donne au blé une qualité avec un éclat et une propreté qui lui assurent la préférence sur tous les marchés. La connaissance de ce procédé semblerait en exiger la pratique pour les blés qui, destinés à être versés dans les fosses, auraient été recoltés dans des jours pluvieux.

Roi, l'un des membres correspondans du Conseil général de l'agriculture près le Ministre de l'intérieur, m'a fait l'honneur de m'écrire le 29 janvier 1820 : « Votre projet me » paraît un perfectionnement des greniers d'abondance » d'autant plus complet, qu'il serait facile de faire adopter » aujourd'hui aux dépositaires de grains les fosses proposées » par M. le Cte Lasteyric pour leur conservation. » (*Voir sa lettre note* 1.re) Cependant il faut le dire : ces réserves ne pourraient jamais avoir lieu, sans un amendement à la loi de 1819, relativement au commerce des blés étrangers, pour lequel il y aurait également avantage à cause de la fixité mise à la place de la variété des droits progressifs soumis à l'arbitraire, par un article additionnel à cette loi, sans que le Roi ait été consulté : article qui sape la loi par ses fondemens, a dit M. de Villèle. (Voir les journaux pour le Gouvernement à cette époque.)

> « *Le commerce parcourt le monde ; il excite,*
> » *enflamme et féconde ; mais il traverse rapidement*
> » *les lieux où il se trouve comprimé ; il s'arrête,*
> » *n'accorde ses faveurs que là où la liberté du corps*
> » *politique est la liberté particulière, parce qu'il*
> » *est avide de proportion, de fixité et d'harmonie.* »

(De la liberté du commerce des grains, par Harel la Vertu.)

Il est inutile de rappeler combien ces questions intéressent le bonheur public ; et si l'écrit déjà agréé par la Chambre des Députés, est une juste garantie qu'elles seront résolues dans l'ouvrage que l'on propose aujourd'hui en souscription à un franc l'exemplaire, c'est vous donner, Messieurs, une nouvelle occasion de signaler vos bonnes intentions pour le bien général, que de vous prier de faire mention de cet ouvrage dans votre journal, et d'en indiquer la souscription ouverte en votre bureau ; parce que cette publicité exciterait bientôt, sans doute, les observations judicieuses de MM. vos abonnés.

Outre les sept questions ci-dessus, l'ouvrage en renfermerait cinq autres également avec leur solution :

1.º Sur le moyen d'atteindre la consommation des tabacs avec la plus grande liberté pour cette branche d'agriculture et d'industrie.

2.º Sur le moyen de relever du dernier avilissement la culture de la betterave, autre branche d'agriculture et d'industrie, et qui serait encore plus riche que celle des tabacs, lorsque celle-ci même sera dans sa plus grande prospérité voulue par la nature des choses.

3.º Pour la réparation et le bon état des chemins vicinaux dans toutes les saisons, objet auquel se rattache la prospérité de l'agriculture et du commerce.

4.º Pour empêcher les abus récidivés de la part de signataires de lettres de change, contre marchandises ou argent reçu ; et pour que leur liberté ne soit plus compromise à ce sujet.

5.º Sur l'amélioration de la loi des élections, d'après un mode qui, sans accorder plusieurs votes au même citoyen, ni toucher à la Charte, ni faire des ilotes politiques de toute une nation à une petite fraction près, donnerait, dans le plus grand calme, des Députés qui ne veulent point du bienfait sans les bienfaiteurs. *(Voir la note 4.º à la fin de cet écrit.)*

Afin de prouver que tout ce qui a été promis aura été tenu, cette lettre servira de note préliminaire à l'ouvrage. Il ne sera imprimé que lorsque les solutions dont il s'agit, auront reçu l'approbation (1) des six Députés les plus im-

___

(1) *Extrait de la lettre écrite à M. C... à Nancy, en date de Paris le 31 janvier 1820, par l'un des deux Députés les plus imposés de France.*

« Votre Écrit sur le commerce des grains et celui que vous avez
» publié sur les marchés concernant l'administration de la guerre,
» traitent des sujets d'une haute importance, et c'est un acte de bon
» citoyen que d'appeler sur eux l'attention du Ministère. Espérons
» que les soins qu'on prend pour l'éclairer sur ses devoirs, ne seront
» pas toujours infructueux. »   J'ai l'honneur, etc.

posés ou de leurs suppléans à leur choix, et qu'on aura garanti 25 mille souscriptions; nombre à-peu-près égal au quart des Électeurs du royaume. Le particulier, ou le député, ou la députation, qui voudrait garantir un nombre de souscriptions égal à celui des Électeurs de 1.re classe dans son arrondissement ou son département, pourrait en donner avis par les journaux, ou à M. *Bachot*, imprimeur à Nancy. (*Voir la note* 2.e).

Les frais d'impression n'excéderaient pas 20 centimes par exemplaire. En conséquence, la souscription pour 25 mille exemplaires à un franc, produirait un avantage de 20,000^{fr.} qui seraient partagés en deux portions égales, savoir: 1.° pour l'acquisition projetée du domaine de Chambord; 2.° pour l'érection d'un mausolée chez *le père Lachaise*, en l'honneur de l'auteur d'un article inséré dans l'un des journaux de Paris, et que MM. les Juges provisoires des questions ci-dessus, croiront le plus utile à la chose publique, et le plus propre à opérer la fusion de toutes les opinions en faveur du Gouvernement légitime et libéral des Bourbons. Cet article, d'une colonne au plus de journal, serait choisi parmi ceux qui paraîtraient jusqu'à l'impression de l'ouvrage projeté. Desirant concourir aussi à l'honneur de cette récompense nationale, quoique je sache parfaitement que cent mille la mériteront avant moi, je ne perdrai rien, en hasardant ici mon article de concours par la note 3.e à la fin de cet écrit.

L'ouvrage sera imprimé à Nancy, séparément, dans les diverses langues des pays gouvernés par les trois pouvoirs constitutifs, gardiens des droits de la couronne et des libertés publiques. (*Voir la note* 5.e)

S'il est vrai que la France doit au monde de hautes leçons qu'elle lui a rendues nécessaires, elle prouvera à tous ces peuples que le spectacle de sa liberté a si puissamment remués, comment elle accomplit sa destinée sous la dynastie que le ciel lui a redonnée. Aujourd'hui, une mer moins agitée laisse à découvert les écueils où le vaisseau de l'état s'est brisé ; et l'auguste vérité promenant son flambeau sur ses débris, va proclamer les moyens réparateurs par la bouche de ceux qui justifieront qu'ils sont dignes d'être les mandataires d'une grande nation en oubliant eux — mêmes leurs sujets de plaintes particulières pour s'occuper de choses utiles, après les libres et savantes discussions de nos lois organiques. C'est alors seulement que se résoudra pour nous ce grand problême politique de la fusion des opinions. Mais nous n'oublierons pas que c'est à leur diversité, que nous avons dû ces discours éloquens du côté droit et du côté gauche, où sont exprimées les plus fortes garanties au pacte constitutionnel qui réunit sous les mêmes lois tous les citoyens dits nouvaux et anciens. Au surplus cette question de la fusion des opinions chez un même peuple, sera traitée également dans l'écrit proposé en souscription, et y sera résolue par des paroles mémorables, que prononça l'un des plus illustres ayeux du Duc de Bordeaux. Mais pour croire à la solution d'un tel problême, il faut croire aussi à la puissance des journaux : révoquer en doute cette puissance, ce serait un aveuglement volontaire, et autant vaudrait-il laisser dire que Louvel fût un héros et que celui qui se serait mis entre cet aliéné et le Duc de Berry, eût été traître à la patrie. Que les journaux soient libres, si le veut ainsi la Charte que le Roi nous a concédée; ayons le courage de l'accepter avec ses conséquences ; mais que les journaux comme la lance d'Achille, aient le don de guérir les blessures qu'ils ont faites et qu'ils feront encore avec ou sans la censure.

La providence se sert de tous les hommes pour proclamer les vérités d'où dépend la prospérité générale ; puisse-t-il être l'un de ses instrumens, le vertueux citoyen qui a été annoncé à la Convention devoir être un jour l'ange tutélaire de la France (moniteur et logographe du 7 juillet 1792), qui avant et après sa proscription avec les frères de Louis XVI, a fait des opérations majeures de commerce et de banque sur les premières places de l'Europe, et qui pour résoudre, autant qu'il est permis à l'esprit humain, les questions dont il s'agit, fait peu de cas des jouissances qui empêchent l'homme de s'élever au-dessus de ses semblables.

Mais cessons de nous faire illusion sur les destinées de la France, si nous ne croyons pas que ceux qui gouvernent l'administration, s'uniront de fait et d'intention à notre auguste Souverain; car ce n'est qu'à cette union intime que peut être due la prospérité d'un état, et bien plus encore sous le régime représentatif où l'administration étant seule responsable, la nature des choses veut qu'elle dirige le choix des moyens et des hommes, et conséquemment la distribution de ces graces et de ces récompenses ambitionnées plus ou moins vivement par les citoyens, suivant l'état de la civilisation; et s'il est vrai que celle-ci ne parvienne à son plus haut dégré, que quand c'est la sagesse et la fixité des lois qui nous font regarder notre existence comme un don du ciel, ne devons-nous pas craindre de l'irriter par une ambition démésurée, ou par des projets téméraires qu'il punit tôt ou tard, en abaissant les uns et en relevant les autres? Bornons donc nos vœux aux choses utiles, à l'abolition des systêmes destructeurs, et résignons-nous en espérant, en croyant que les administrateurs, plus intéressés que qui que ce soit à la prospérité générale, parcequ'elle procure la tranquillité intérieure qui assure la stabilité de emplois, justifieront la confiance du Souverain, et formeront avec lui cette union intime qui fait la force et la durée des empires.

J'ai l'honneur, etc. *Signé* C.***,

A la solde de l'État de père en fils.

NOTE I.re

Roville, (Meurthe) le 29 Janvier 1820.

Monsieur,

Pour répondre à la confiance que vous voulez bien me témoigner, je vous dirai toute ma pensée sur votre projet contre la vente à vil prix des blés indigènes, et contre la disette ou factice ou réelle.

Ce projet me paraît un perfectionnement des greniers d'abondance, d'autant plus complet qu'il serait facile de faire adopter aujourd'hui aux dépositaires des grains, les fosses proposées par M. le Comte Lasteyrie pour leur conservation.

Comme entreprise particulière à laquelle votre travail servirait d'un guide utile, ce projet que vous présentez, débarrassé par conséquent de la tutelle de toute administration qui dépendrait du Gouvernement, et par suite des taxes qu'il faudrait asseoir sur les contribuables, déjà si surchargés, mériterait davantage, à mon avis, l'assentiment des publicistes qui ont écrit sur le commerce des grains, et qui ont approfondi cette importante matière.

En effet, ce que peuvent faire des particuliers est toujours mieux fait, et fait avec plus d'économie que par des administrations naturellement intéressées à grossir leurs frais, jamais à les diminuer; et suivant M. Turgot, qui l'a prouvé, les frais de l'administration dans le commerce des grains, excèdent toujours les frais joints au bénéfice du marchand.

Je pense que lorsque la sécurité des personnes, la garantie des propriétés, la concurrence illimitée, et la stabilité des lois existeront, ce qui n'est tout bonnement que le maintien intégral et l'observance sévère de notre Charte, le Gouvernement n'aura pas à craindre la moindre responsabilité sur le commerce des subsistances. Nous aurons, nous, d'autant moins d'inquiétudes d'en manquer dans les années vraiment disetteuses en grains, qu'une agriculture alors plus prospère, pourra nous en offrir, ainsi que le commerce de plus variées.

Si l'on s'en rapporte d'ailleurs constamment à l'intérêt personnel, de la plus importante des précautions nécessaires pour approvisionner une nation en grains, *celles d'ensemencer les terres*, pourquoi ne pas s'en rapporter au même intérêt, *de leur commerce, de leur garde*, pour le même approvisionnement. Après l'industrie du cultivateur, a dit *Smith*, nulle n'est plus favorable à la production du blé, que celle des marchands de blé.

L'épithète d'accapareur, qui n'est pas née avec nos troubles, comme vous paraissez le croire, est au contraire le fruit des anciens temps de barbarie : sous notre régime constitutionnel, elle ne doit plus avoir lieu, car le simple bon sens nous dit que de toutes les denrées, le blé est celle qu'on peut le moins accaparer. Aussi, notre Charte fondamentale exécutée, on n'aura plus à redouter des disettes comme on en a vu, parce qu'alors les réserves seront suffisantes, au moyen des propriétaires, des cultivateurs et des commerçans.

Les discussions qui ont eu lieu assez récemment en Angleterre sur le même objet, ont jeté un nouveau jour sur les effets de l'intervention de l'autorité dans l'approvisionnement, et paraissent être en faveur du système de la liberté.

En effet, jamais les récoltes ne manquent à-la-fois en plusieurs pays distans les uns des autres ; et un grand commerce de blé bien établi, oblige à des approvisionnemens préparés d'avance, à des dépôts considérables qui éloignent plus que toute autre cause, la possibilité d'en manquer ; tellement qu'on peut affirmer d'après les raisonnemens et l'expérience de la Hollande principalement, que ce sont précisément les états où il ne vient pas de blé, qui ne sont jamais exposés à des disettes, ni même à des chertés bien considérables.

Voilà ce que m'ont appris mon séjour à *Saint-Domingue*, à *Hambourg*, et la lecture de l'Abbé Rosier, de M. de Boislandry, de M. C. A. Costaz, de M. le comte Chaptal, et l'excellent traité de l'économie politique de Jean-Baptiste Say, dernier ouvrage vraiment classique, qu'on enseigne dans les Universités d'Allemagne, en Angleterre, et même en Espagne.

Si, comme vous en avez l'intention, vous communiquez votre travail au Conseil de commerce établi près du Ministre de l'intérieur, vous ne devez pas négliger dans ce cas de l'adresser au Conseil d'agriculture créé près du même ministère, ainsi qu'à la Société royale des sciences, lettres, arts et agriculture de Nancy.

Avec des intentions telles que celles exprimées dans le manuscrit que vous venez de m'adresser, on ne peut être qu'un bon citoyen :

le but que vous vous y proposez ne fera que confirmer et même aug-
menter l'estime générale dont jouit votre famille.

Agréez, etc.   *A. BERTIER.*

Nota. Je n'ai pas l'honneur de connaître M. Bertier autrement que
par sa réputation méritée d'homme profondément versé dans la matière que je lui soumettais. Un an s'est écoulé depuis la date de sa
lettre; mais son approbation est d'un trop grand prix, pour qu'aussi-
tôt que mes affaires me le permettent, je ne donne point suite à
cette intéressante question *contre la vente à vil prix des blés indigènes, et contre la disette factice ou réelle.* Je dois dire aussi que
MM. les députés Lainé, De Lastours Devillele, membres de la Commission pour le projet de loi relative à l'importation des grains étrangers en 1819, et d'autres honorables Députés m'ont donné également
des encouragemens, en approuvant plusieurs petits imprimés que
j'avais fait distribuer au sujet de cette question : elle m'a occasionné
quelques travaux ; mais je le répète : sa solution autant qu'il est permis
à l'esprit humain, appartiendra à M. Harel qui me l'a donnée en
deux lignes : *La mise des grains en réserve par le commerce dans
les années d'abondance, et la représentation de ces grains, mise
en mouvement par des billets au porteur.* Il ne reste plus qu'à ob-
tenir une amélioration de la loi sur les grains étrangers, pour que le
patriotisme éclairé puisse mettre la théorie en pratique. Cette amélioration tendant à ôter jusqu'au plus léger soupçon de monopole et
d'accaparement à l'égard des réserves projetées, sera infailliblement
indiquée lors des discussions qui pourront avoir lieu de nouveau dans
les Chambres, au sujet du commerce des blés étrangers, sur lesquels
on s'est fait une idée peut-être monstrueuse, mais elle existe.

NOTE IIe

*MODÈLE du Tableau à fournir par MM. les Journalistes
au sujet des Garanties qui sont données pour un nombre
de souscriptions, égal à celui des Électeurs de première
classe dans un ou plusieurs arrondissemens de départe-
mens, Savoir :*

DÉPARTEMENS.	DÉSIGNATION des ARRONDISSEMENS.	Députation, ou Députés, ou Particuliers qui garantissent les souscriptions.

Note concernant l'auteur de cet écrit.

Pour s'indemniser des frais du présent imprimé distribué à 800 exemplaires aux deux Chambres, et des deux autres distribués à un pareil nombre en 1819 et pendant cette session, sur le commerce des blés, etc., l'auteur de cet écrit se propose de publier un très-petit ouvrage qu'il ne fera tirer qu'à deux cents exemplaires, au prix de cinq francs par souscription. Cet ouvrage renfermera, 1.º son nouveau travail sur les réserves des grains par le commerce en société avec les propriétaires, ainsi que le tableau des onze articles de la loi rendue sur les grains en 1819. Ce tableau a reçu en son temps l'approbation du Ministre de l'intérieur, et il y serait apporté les modifications qui pourraient survenir à la loi durant cette session ; 2.º l'analyse du projet d'une banque foncière, pour faire des prêts à cinq et demi pour cent par an aux propriétaires, qui, participant aux bénéfices de la banque, comme il sera démontré, se trouvent libérés en vingt ans du capital emprunté. Le projet de cet utile et vaste établissement, est soumis à la sanction royale.

Les Sociétés d'agriculture et de commerce, ainsi que celui de Messieurs les Députés, et celui de Nosseigneurs les Pairs de France qui penseront que l'ouvrage ci-dessus pourra offrir quelque intérêt, sont suppliés de réunir le plus de souscriptions possibles, et d'en adresser l'état à M. *Bachot*, Imprimeur à Nancy, chez qui le travail est déposé pour être imprimé.

L'auteur promet que dans cet ouvrage il n'y aura pas uns seule ligne de perdue en réflexions politiques, parce qu'il est trop difficile de n'exprimer sa pensée qu'à demi dans cette matière où toutes vérités ne sont point bonnes à dire, et que d'ailleurs il se voit en arrière à une trop

grande distance des orateurs qui la traitent sous ses diffé-
rentes couleurs avec une facilité, une clarté, et une pré-
cision qui ne peuvent appartenir qu'aux hommes d'un
grand mérite et d'une fortune indépendante de tout emploi.
S'il a esquissé ici une partie de sa pensée, c'est afin qu'on
ne se méprit pas sur ses véritables sentimens, quoiqu'il ait
servi tous les Gouvernemens précédens. C'est comme fils
d'employé que dès l'âge de 15 ans il fut envoyé aux
armées qu'il n'a plus quittées depuis 1791. Plus heureux
que ses concitoyens, il ne fut point témoin des crimes
de la révolution, excepté à l'égard d'un prêtre et de deux
particuliers arrachés des prisons du quartier-général, par
des furieux qui, après avoir tué le geolier, coupèrent en
morceaux leurs trois victimes qu'ils avaient accrochées aux
arbres du cours de Nice. Dès ce moment l'horreur qu'il
conçut pour ce qu'on nommait la révolution, ne peut
bien se comparer qu'à celle que lui a fait éprouver son
dernier gouvernement, où il a vu que les hommes du carac-
tère le plus généreux, allaient être entraînés à l'oppression
du genre-humain, par l'appât irrésistible de l'intérêt personnel; oppression qui jusques-là n'avait été considérée
par l'Europe que comme l'effet des circonstances déplo-
rables dont la France était la première victime. Encore
quelques instans, et le reste de ces caractères généreux
allait déclarer traître à la patrie, le Législateur assez cou-
rageux pour s'opposer à ce que les citoyens ne fussent
considérés que comme la monnaie avec laquelle on devait
acquérir des titres et des dotations.

Préfets, Généraux et Conseillers de ce gouvernement mili-
taire, conservez tout ce que vous possédez, mais ne nous
parlez plus de liberté; laissez ce soin à d'autres, pour que
nous puissions enfin la connaître et la chérir. Mais, dira-
t-on peut-être : qui donc en parlera, puisqu'un peu plus
ou moins nous avons tous marché avec ce dernier gouver-

nement. Eh bien, que tous remettent la main à l'œuvre ; sans excepter même nos riches Commissaires-ordonnateurs titrés, et ces Préfets qui délivraient de la monnaie de dotation plus qu'on ne leur en demandait ; mais que du moins ils fassent aimer le gouvernement du Roi, en ne projetant plus, mais en exécutant des améliorations à ce système monstrueux de dépenses qui tarissent la source des moyens de ceux dont la destinée est de produire : qu'il ne leur suffise pas de dire que les revenus publics ne doivent être répartis qu'à ceux qui méritent : que ces *Méritans* donnent l'exemple du patriotisme, en faisant remise d'un traitement dont ils n'ont pas besoin, parce qu'il leur restera encore 30 ou 40 mille livres de rentes ; et qu'ils fassent des professions de foi qui, ne laissant aucun doute sur leurs véritables sentimens aujourd'hui, ôteront ces espérances criminelles d'un retour subit aux honneurs fondés sur la destruction, et mettront un terme à ces projets, à ces accusations qui, si elles sont vraies, compromettraient la France, en attendant qu'elle soit replongée dans le cahos.

____

(Les Notes 3.ᵉ, 4.ᵉ et 5.ᵉ qui devraient se trouver ici, seront publiées séparément, parce que durant les sessions des Chambres, plus les ouvrages sont courts, mieux ils sont accueillis.)